BEI GRIN MACHT SICH IHR WISSEN BEZAHLT

AF152244

- Wir veröffentlichen Ihre Hausarbeit,
  Bachelor- und Masterarbeit

- Ihr eigenes eBook und Buch -
  weltweit in allen wichtigen Shops

- Verdienen Sie an jedem Verkauf

Jetzt bei www.GRIN.com hochladen und kostenlos publizieren

GRIN

Udo Rosowski, MOM

Indikatoren für die Humanressourcenbewertung - Handlungsansätze zur Förderung von AuG-Maßnahmen durch den staatlichen Arbeits- und Gesundheitsschutz?

Diskussion der HUMIND-Forschungsergebnisse zu Humanressourcen und Humankapital im Kontext zu staatlichem Arbeitsschutzhandeln

GRIN Verlag

Bibliografische Information der Deutschen Nationalbibliothek:

Die Deutsche Bibliothek verzeichnet diese Publikation in der Deutschen National-
bibliografie; detaillierte bibliografische Daten sind im Internet über http://dnb.d-
nb.de/ abrufbar.

Impressum:

Copyright © 2009 GRIN Verlag GmbH
Druck und Bindung: Books on Demand GmbH, Norderstedt Germany
ISBN: 978-3-640-41253-2

Dieses Buch bei GRIN:

http://www.grin.com/de/e-book/135449/indikatoren-fuer-die-humanressourcenbe-
wertung-handlungsansaetze-zur-foerderung

GRIN - Your knowledge has value

Der GRIN Verlag publiziert seit 1998 wissenschaftliche Arbeiten von Studenten, Hochschullehrern und anderen Akademikern als eBook und gedrucktes Buch. Die Verlagswebsite www.grin.com ist die ideale Plattform zur Veröffentlichung von Hausarbeiten, Abschlussarbeiten, wissenschaftlichen Aufsätzen, Dissertationen und Fachbüchern.

Besuchen Sie uns im Internet:

http://www.grin.com/

http://www.facebook.com/grincom

http://www.twitter.com/grin_com

1

Udo Rosowski

Indikatoren für die Humanressourcenbewertung - Handlungsansätze zur Förderung von AuG- Maßnahmen durch den staatlichen Arbeits- und Gesundheitsschutz?

Diskussion der HUMIND-Forschungsergebnisse zu Humanressourcen und Humankapital im Kontext zu staatlichem Arbeitsschutzhandeln

2009

Abkürzungen

AuG	Arbeits- und Gesundheitsschutz
BAuA	Bundesanstalt für Arbeitsschutz und Arbeitsmedizin
BSC	Balanced Scorecard
CEDEFOP	**Europäisches Zentrum für die Förderung der Berufsbildung**
EFQM	European Foundation of Quality Management
EPS	Earnings Per Share
HAR	Human Asset Rating
HCC	Human Capital Club e.V.
HCTM	Human Capital Transparency Monitor
HR-Maßnahmen	Maßnahmen zur Förderung von Humanressourcen
HPI	Human Potential Index
IGA	Initiative Gesundheit und Arbeit
IRB	Internal Ratings Based Approach
ROI	Return on Investment
TQM	Total Quality Management

Inhaltsverzeichnis

4

Einführung

Einhergehend mit einer umfassenderen Betrachtungsweise des Arbeitsschutzes und dem damit für Unternehmen verbundenen höheren (Kosten-) Aufwand wird seit geraumer Zeit versucht, (betriebs-)wirtschaftlich positive Auswirkungen des Arbeits- und Gesundheitsschutzes (AuG) mit neuen Instrumenten darzustellen. Investitionen in AuG sollen nicht nur der Erfüllung einer Rechtspflicht dienen sondern dem Unternehmer auch möglichst den Erhalt eines Mehrwertes aufzeigen.

Die gängigen Unfall(folge-)kostenrechnungen, die keine unmittelbare betriebswirtschaftliche Ergebnisrelevanz aufweisen, gerieten damit zunehmend in die Kritik[1].

Auch die zwischenzeitlichen Arbeiten zur Entwicklung z. B. eines Arbeitsschutz-kosten-Controllings hatten als wesentliches Ziel die Darstellung eines Effizienz-indikators resultierend aus den Kosten des Arbeitsschutzsystems in Bezug auf die ungestörten Arbeitsstunde oder die Gesundheitsquote als entscheidende Zielgröße[2]. Soweit Auswirkungen von Gesundheitsmaßnahmen in Bezug auf den Return on Investment (ROI) untersucht wurden, erfolgte dies ausschließlich mit Bezug auf die Einsparungen z. B. bei den Krankheitskosten[3].

Diesen Ansatz habe ich bereits bei den Überlegungen für ein staatliches Arbeitsschutz-Controlling[4] als zu kurz gegriffen erachtet.

Die Gesamtheit von Arbeitsaufgaben, Arbeitsgestaltung und Arbeitsstrukturen bis hin zu Persönlichkeitsförderung, Arbeitsmotivation und -zufriedenheit sowie dem Vertrauen in Organisationen lässt sich durch Kostenkennzahlen aber nicht abbilden. Derartige intangible Faktoren werden seit ihrer Entwicklung im Jahr 1992 bisher überwiegend in Form einer Balanced Scorecard (BSC)[5] mit nachstehenden Personalkennzahlen beispielhaft dargestellt:

---

[1] Vgl. Wiese H., Arbeitsschutz-Controlling. Bochum, 2001
[2] Vgl. Thiehoff R., Arbeitsschutz und betriebliche Gesundheitsförderung, in: Möglichkeiten der Wirtschaftlichkeitsanalyse für Maßnahmen des Arbeitsschutzes und der betrieblichen Gesundheitsförderung. Essen/St. Augustin, 1999
[3] IGA-Report 3: Gesundheitlicher und ökonomischer Nutzen betrieblicher Gesundheitsförderung und – prävention. 2003
[4] Rosowski, U.; Fragen und Möglichkeiten zur Ausgestaltung eines Arbeitsschutz-Controllings für den staatlichen Arbeitsschutz, bisher unveröffentlichte Auftragsarbeit, 2007

- Umsatz pro Mitarbeiter
- Fluktuationsquote
- Absentismusquote
- durchschnittliche Schulungstage pro Mitarbeiterinnen und Mitarbeiter
- Mitarbeiterzufriedenheit
- Mitarbeitermotivation
- Work-Life-Balance
- ...

Diese Faktoren sind auch am Wirtschaftsstandort Deutschland zunehmend ins Blickfeld geraten da erkannt wurde, dass nur über die Leistungs- und Innovationsfähigkeit der Beschäftigten die Wettbewerbsfähigkeit gesichert und ausgebaut werden kann.

Allerdings bleibt auch hier das Problem, derartige Faktoren zutreffend zu ermitteln und zu bewerten.

Die Europäische Kommission hat deutlich ihr Interesse des öffentlichen Sektors an einer betrieblichen Humanvermögensrechnung bekundet[6].

Externe politisch-kapitalmarktorientierte Einflüsse wie Basel II[7] führen erneut zu Überlegungen, wie die durch die Beschäftigten verkörperten qualitativen Faktoren als Wert in Form von Finanzkennzahlen möglicherweise auch in einer Bilanz als Unternehmenswert angesetzt werden oder in den durch die Kreditinstitute zur Prüfung der Bonität zu entwickelnden Ratingverfahren in Ergänzung zur Eigenkapitalausstattung als (immaterieller) Wert erfasst werden könnte (sog. Internes Kapital).

---

[5] Robert S. Kaplan und David P. Norton: *The Balanced Scorecard - Measures that Drive Performance.* In: *Harvard Business Review.* 1992, January-February S. 71-79
[6] CEDEFOP – Europäisches Zentrum für die Förderung der Berufsbildung: Cedefop-panorama 5085; Human resource Accounting: interests and conflicts, 1998
[7] Baseler Eigenkapitalvereinbarungen, transformiert durch Neufassung der Richtlinie 2000/12/EG des Europäischen Parlaments und des Rates vom 20. März 2000 über die Aufnahme und Ausübung der Tätigkeit der Kreditinstitute und der Richtlinie 93/6/EWG des Rates vom 15. März 1993 über die angemessene Eigenkapitalausstattung von Wertpapierfirmen und Kreditinstituten

6

Bislang ist jedoch im Bankensektor[8] fast ausschließlich das finanzwirtschaftliche Berechnungsverfahren mit wertbasierten Kennzahlen und Wagnis-Faktoren nach dem IRB-Ansatz[9] eingeführt.

In den folgenden Abschnitten werden im Wesentlichen die Forschungs-Ansätze von Glaser[10] diskutiert (nachfolgend als Forschungsbericht, Untersuchungsbericht oder Studie bezeichnet), der im Auftrag der Bundesanstalt für Arbeitsschutz und Arbeitsmedizin (BAuA) Humanindikatoren untersucht hat.

Die Diskussion erfolgt unter dem Focus, ob die Ergebnisse der Forschung positiv für die Gestaltung der Arbeitswelt als Aufgabe des staatlichen Arbeits- und Gesundheits- schutzes genutzt werden können.

Weitere Forschungsansätze wie der des Human Asset Ratings[11] mit der Entwicklung eines Human Potential Index (HPI) werden in dieser Diskussion nur am Rande betrachtet. Der HPI wird allerdings auch von einigen Unternehmen durchaus kritisch betrachtet[12].

Inzwischen nehmen auch viele DAX-Unternehmen am Human Capital Transparency Monitor[13] teil, aus dem zukünftig ein ‚Standard-Human-Capital-Report' abgeleitet werden soll.

---

[8] Vgl.: DEUTSCHE BUNDESBANK, Monatsbericht September 2004
[9] IIR Arbeitskreis Basel II, Mindestanforderungen für den internen Ratingansatz (IRB-Ansatz), 2005
[10] Glaser, J., Hornung, S. & Labes, M. :Indikatoren für die Humanressourcenförderung – Humankapital messen, fördern und wertschöpfend einsetzen. Wirtschaftsverlag NW, Bremerhaven, 2007
[11] Die Entwicklung eines Human Asset Rating ist ein Forschungsprojekt des Bundesministeriums für Arbeit und Soziales, Auftraggeber ist die Bundesanstalt für Arbeitsschutz und Arbeitsmedizin in Dortmund;
[12] Anhörung im Bundesarbeitsministerium am 26.06.2009; in Haufe personal: (http://www.haufe.de/personal/newsDetails?newsID=1246259729.02&d_start:int=0&topic=Personalma nagement&topicView=HR-Management&) Stand 18.08.2009
[13] Jährliche Datenerhebung und Veröffentlichung der personalpolitischen Transparenz der DAX- Konzerne (http://www.humancapitalclub.de/web/aktivitaeten_monitor.html) Stand 17.08.2009

Historische Ansätze und Fortentwicklung

Der Ansatz einer Humanvermögensrechnung ist freilich nicht neu. Bereits seit den 60er Jahren des vorigen Jahrhunderts[14] wurden Verfahren zur Humanwertmessung bzw. Humanvermögensrechnung entwickelt. Vorläufer haben sie schon durch die Arbeiten von William Farr (1807-1883), der schon zur damaligen Zeit die Zusammenhänge zwischen Wirtschaftswachstum und der Gesundheit von Arbeitern systematisch untersuchte.

Damals wie heute stehen bei diesen Humankapital-Methoden allerdings die durch Arbeitsunfähigkeit entstehenden Kosten im Fokus. In der medizinischen Ökonomie sind derartige Humankapital-Ansätze, nach denen der Wert des (verbleibenden) menschlichen Lebens nach dem in der Regel auf dem Markt erzielbaren Erwerbseinkommen berechnet wird, und die daraus folgenden Wirtschaftlichkeitsberechnungen seit Mitte der 90er Jahre des vorigen Jahrhunderts etabliert[15].
Wenn dort die Durchführung von Therapien anhand der medizinische Behandlungskosten in Relation zu einer zu erwartenden längeren Überlebenszeit und des in dieser Zeit ggf. zu realisierenden Erwerbseinkommens gesetzt werden, ist dies ethisch zumindest bedenklich.

In Abkehr von dieser Kostensicht wird im Forschungsbericht sowie auch den dort herangezogenen Studien der Begriff Humankapital bzw. Humanvermögen als die Gesamtheit der individuellen (körperlichen und geistigen) und kollektiven (sozialen) Leistungsvoraussetzungen der Mitarbeiterschaft eines Unternehmens definiert.
Die Humanressourcen stellen gegenüber dem Humankapital Einzelaspekte dar wie psychophysische Gesundheit, Wissen, Fähigkeiten und Fertigkeiten, Commitment, Kommunikation, Kooperationsbereitschaft und Vertrauen.

---

[14] Flamholtz E., Human Resource Accounting: A review of theory and research, Minneapolis 1972
[15] Vgl. Szucs, Thomas D.; Medizinische Ökonomie, München 1997

Das Ziel der Untersuchung ist die Darstellung von Auswirkungen von Investitionen in dieses Humankapital auf tradierte Indikatoren des Geschäftserfolgs wie zum Beispiel:

- Umsatz,
- Gewinn,
- Return On Investment,
- Earnings Per Share.

Die grundsätzlichen Fragen, denen sich auch die Untersuchung widmet sind:

- **Wie lässt sich der Wert des Humankapitals zusätzlich zu den materiellen Aktiva eines Unternehmens bestimmen?**

- **Wie kann die Entwicklung des Humankapitals in den Unternehmen verbessert werden?**

- **Wie wirken sich Investitionen in das Humankapital im wirtschaftlichen Ergebnis des Unternehmens aus?**

Es bleibt darauf hinzuweisen, dass die Ökonomisierung sozialer Aspekte des Arbeitsumfelds mit Grundthesen der Sozialtheorie kollidieren kann. Zwar wird man von Unternehmen kein altruistisches Verhalten erwarten.

Die Systemtheorie[16] erfasst jedoch auch Unternehmen als soziale Gemeinschaften, in denen bestimmte Regeln vorkommen und erwartet werden. Eine große Rolle spielen in Gesellschaften, zu denen auch Unternehmen als soziale Gebilde zählen, die sozialen Austauschbeziehungen.

Wenn Reziprozitätskonzepte[17] von Unternehmerseite lediglich unter Nutzen-Kosten-Gesichtspunkten konzipiert werden, können die Benefit-Empfänger (Beschäftigten) dies als Störung der Reziprozitäts-Balance empfinden, wenn sie erwarten, dass Investitionen in die Humanressourcen, die sie ja selbst verkörpern, zumindest zum

---

[16] Luhmann, Niklas; Einführung in die Systemtheorie, Hg. V. Dirk Baecker, Heidelberg, 2002
[17] Otto, Ulrich; Der Stellenwert der Reziprozität, Habilitationsschrift, Uni Jena, 2003

überwiegenden Teil aus der allgemeinen Wertschätzung und emotionalen Angenommenheit der Unternehmensführung heraus erfolgen und nicht nur aus Gründen der wirtschaftlichen Vorteilhaftigkeit.

Bezeichnenderweise sind bisher auch noch keine Kennzahlen für die Wirtschaftlichkeit der Boni oder Benefits von Führungskräften entwickelt worden.

Offenbar gehörte die Benefit-Maximierung gleichberechtigt mit zur Gewinnmaximierung des Unternehmens und war bis zur gegenwärtigen Wirtschaftskrise keinerlei Kritik unterworfen. Zumindest in der ‚Manager-Ausbildung' an privaten sogenannten Elite-Universitäten scheint ein Umdenken stattgefunden zu haben[18].

---

[18] Manager mit sozialem Gewissen. In: Rheinische Post, D6, vom 18.08.2009

10

Überblick zu Ansätzen der Messung und Bewertung

Zunächst wird in dem dieser Analyse zugrunde liegenden Forschungsbericht[19] in Form der Buchveröffentlichung untersucht, welche Ansätze zur Messung und Bewertung von Humanressourcen bereits existieren.

Ein- und mehrdimensionale betriebswirtschaftliche Ansätze sind demnach beispielhaft:

- marktwertorientierte Ansätze
- ertragsorientierte Ansätze
- value added-Verfahren
- accounting-orientierte Verfahren
- indikatorbasierte Ansätze
- Employee Value Index
- Human Capital Value
- Human Capital Index
- Scandia Navigator
- Balanced Scorecard
- TQM
- EFQM
- Wissensbilanzen

Einzig multidimensionale Verfahren scheinen der Komplexität des Betrachtungsgegenstandes ‚Mensch' jedoch einigermaßen gerecht zu werden.

Selbst bei diesen Ansätzen werden jedoch gravierende Probleme hinsichtlich Selektion, Priorisierung, Operationalisierung und Standardisierung der Variablen erkannt.

---

[19] Glaser et al: Indikatoren für die Humanressourcenförderung – Humankapital messen, fördern und wertschöpfend einsetzen. Forschungsprojekt Nr. F 2104 der Bundesanstalt für Arbeitsschutz und Arbeitsmedizin, Dortmund/Berlin/Dresden 2006

Die Anwendung dieser Ansätze betrachtet die Studie als nicht befriedigend. Keinem der oben dargestellten und eingeführten betriebswirtschaftlichen Ansätze gelingt die Darstellung, inwieweit sich Investitionen in das Humankapital im Unternehmenserfolg auswirken.

Als weiteres Problem wird gesehen, dass ,rechtlich', d. h. nach deutschen gesetzlichen Rechnungslegungsvorschriften sowie international anerkannten Standards die Bilanzierung eines immateriellen Wertes wie Humankapital (noch) nicht zulässig ist.

Lediglich im Lagebericht ist ein Hinweis auf das Humanvermögen möglich. Soweit derartige Sozialbilanzen von den Unternehmen vorgenommen werden, wird dies sogar von Banken oder Wirtschaftsprüfern kritisiert, da mangels Standards eine Vergleichbarkeit nicht gegeben sei.

Die Frage, warum HR-Maßnahmen zwingend ökonomisch bewertet werden müssen und die Durchführung für das Management und die Mitarbeiterschaft nicht ein Wert an Sich darstellen muss, soll hier nicht weiter betrachtet werden. Es wir allerdings auf den Forschungsbericht der BAuA[20] zu diesem Thema verwiesen.

---

[20] Bundesanstalt für Arbeitsschutz und Arbeitsmedizin; Forschungsprojekt 2105: Pennig, St./Vogt, J: Entwicklung und Erprobung des Human Resources Performance Modells zur ökonomischen Evaluation von Maßnahmen in den Bereichen Humanfaktoren (HF), Humanressourcen (HR) und Training (T). Dortmund/Berlin/Dresden 2007

12

Fallstudien

Der zweite Baustein des Forschungsberichts besteht aus vier durchgeführten empirischen Fallstudien.

Es wurden Fallstudien zu

- Nachhaltigkeit und wirtschaftlichem Erfolg
- Externer und interner Bewertung von Humanressourcen
- Humanressourcenförderung beim ‚best employer'
- Messung von Humankapital in der Pharmabranche

bei unterschiedlichen Unternehmungen durchgeführt.

Die wesentlichen Ergebnisse der Fallstudien werden nachstehend zusammengefasst.

Fallstudie I

Untersucht wurden im Zeitraum 2001 bis 2003 n=704 Unternehmen verschiedener Branchen durch eine Rating-Agentur.

Anhand einer Datenanalyse wurde untersucht, ob Zusammenhänge zwischen humanressourcenbezogenen Nachhaltigkeitskriterien (insb. Mitbestimmung, Arbeitsplatzsicherheit, Entlohnung, Arbeits- und Gesundheitsschutz, Gleichstellung) und Finanzkennzahlen bestehen.

Im Vergleich der Best-In-Class-Unternehmen (bezogen auf HR-Maßnahmen) mit anderen Unternehmen sind deren Finanzkennzahlen im Mittel nicht signifikant besser. Besser schneiden diese Unternehmen nur beim EPS ab.

Korrellationen zwischen Finanzkennzahlen und Rating sind nur mit einer sehr geringen Effektstärke vorhanden, so dass die praktische Relevanz anzuzweifeln ist.

Korrellationen bei allen Unternehmen bei den Unterkriterien Beschäftigte und EPS sind sehr stark und nachhaltig, bei AuG nur für das Jahr 2003.
Ansonsten sind keine signifikanten Zusammenhänge feststellbar.
Da in dieser Auswertung keine Differenzierung nach Best-In-Class und nachrangigen Unternehmen vorgenommen wurde, sind keine Rückschlüsse möglich, ob bei Unternehmen mit HR-Maßnahmen mitarbeiterbezogene Befunde eher positiv korrellieren.

Eine Auswertung nach Branchen zeigte dagegen signifikante Einflüsse auf die gemessenen Korrellationen. Inwieweit hier auch externe Einflüsse wie die jeweilige Konjunkturlage die Ergebnisse beeinflussen, wurde nicht gemessen.
Gerade in den untersuchten Brachchen wie Textilindustrie, Automobilindustrie wie auch Öl- und Gasindustrie sind derartige Einflüsse für die fraglichen Jahre nicht auszuschließen.

14

Die empirischen Befunde zeigen insgesamt schwach ausgeprägte Zusammenhänge zwischen HR-bezogenen Nachhaltigkeitskriterien und Unternehmenserfolg (EPS). Ein Zusammenhang lässt sich allenfalls vorsichtig bejahen. Zumindest ergeben sich keine negativen Zusammenhänge.

Allerdings ist auch die Kennzahl EPS nur eine von zahlreichen Finanzkennzahlen, die sich zudem wie der Gesamtgewinn buchhalterisch gestalten lässt.

Eine reverse Kausalität – Unternehmen investieren (nur deshalb) in HR weil es ihnen wirtschaftlich gut geht und sie es sich leisten können – wurde nicht getestet.

Eine Generalisierbarkeit der ermittelten Zusammenhänge ist aufgrund der Zusammensetzung der Stichprobe (ausschließlich große und mittelgroße börsennotierte Aktiengesellschaften) nicht möglich.

Fallstudie II

Das Ziel dieser Fallstudie bestand darin, den Stellenwert von Humanressourcen aus interner oder externer Sicht zu bewerten, hier insbesondere auch hinsichtlich der ‚Neuen Baseler Eigenkapitalverordnung' (Basel II).

Hier erfolgte eine eigene Erhebung bei einem der größten internationalen Finanzdienstleister.

Zielgruppe der Erhebung war das Management, hier wurden vier ausgewählte Führungskräfte befragt.

Das Unternehmen hat sich zwar ‚Leadership Values' gegeben, evaluiert aber nach eigenen Aussagen nicht, ob diese Werte auch gelebt werden. Für Inhaber von Schlüsselpositionen existieren Incentive-Programme zur Erfolgsbeteiligung. Weiterbildungsprogramme werden für qualifizierte Nachwuchs-(führungs-)kräfte angeboten.

Ansonsten existiert ein e-Learning-Netzwerk für alle Mitarbeiterinnen und Mitarbeiter.

Das Unternehmen hat nach Auswertung der Jahre 2002 bis 2005 eine jährliche Fluktuationsrate von durchschnittlich 25 %.

In diesem Zeitraum stieg der Nettoumsatz pro FTE (full time equivalent) um 67%, die Kosten wurden von 23% auf 18% je FTE vermindert. Das Gesamtergebnis wurde allein von 2004 auf 2005 um 32% gesteigert.

Nach Aussage der befragten Führungskräfte spielen HR-Maßnahmen bei der internen Bewertung eher eine marginale Rolle. Auch bei der externen Bewertung, also bei der Bewertung von kreditnachfragenden Unternehmen hinsichtlich beabsichtigter Investitionsentscheidungen, werden bei der Beurteilung von Humanressourcen eher die Schlüsselpersonen betrachtet. Der Einfluss von Basel II wird als gering eingeschätzt.

Die Befragung von lediglich vier befragten Experten lässt m. E. keine Aussage über den tatsächlichen internen Einsatz und vor allem die Auswirkungen von HR-Maßnahmen zu.

Bedenklich sollte die extrem hohe Fluktuationsrate sein.

Nach reinen Zahlen ist es jedoch so, dass bei der gegebenen Fluktuation das Gesamtergebnis erheblich gesteigert werden konnte.

Rückschlüsse hieraus halte ich für bedenklich, da suggeriert werden könnte, eine steigende Fluktuation würde zu steigenden Unternehmensergebnissen führen.

Wie bei vielen nackten Zahlen bleibt es schwierig, Zusammenhänge und Ursache und Wirkung richtig zu erfassen.

Fallstudie III

Ziel der Untersuchung war die Frage, welche Programme und Maßnahmen zur HR-Förderung in einem Unternehmen eingesetzt werden, das mehrere Jahre hintereinander die Auszeichnung als ‚Deutschlands beste Arbeitgeber' erhalten hat und als Marktführer wirtschaftlich sehr erfolgreich ist.

Der Wettbewerb wird in Deutschland von einem externen Marktforschungsunternehmen[21] nach einem standardisierten Verfahren durchgeführt. Das Verfahren beruht auf dem Great Place to Work-Modell:

> **‚Ein Great Place to Work ist ein Arbeitsplatz, an dem man als Arbeitnehmer/-in denen vertraut, für die man arbeitet, stolz ist auf das was man tut, und Freude hat an der Zusammenarbeit mit den anderen.'**

Die Bewertung der Unternehmen erfolgt aus der Mitarbeiter/-innen-Perspektive und bezieht sich auf drei Ebenen:

- das Management,
- die eigene Tätigkeit und
- die Kolleginnen und Kollegen.

Zusätzlich fließt ein Kultur-Audit über die Unternehmens- und Personalpolitik und den Maßnahmen des HR-Managements in die Bewertung mit ein.

Die Ergebnisse der letzten Jahre waren durchweg und teilweise zunehmend von einer äußerst positiven Zustimmung zu allen Dimensionen der Befragung geprägt (Glaubwürdigkeit, Respekt, Fairness, Stolz, Teamorientierung, soziale Atmosphäre).

---

[21] Great Place to Work® Institute, GPW Deutschland GmbH (http://www.greatplacetowork.de)

18

Gleiches gilt für die im Kultur-Audit zum Tragen kommenden Werte wie: wenig formale Regeln, optimale Entfaltung, Einbringen von Stärken und Potentialen, Gestaltungsfreiheit, Flexibilität, Vertrauenskultur, Offenheit u. a. m. Schwerpunkte des HR-Managements sind Gehalt, Training/Fortbildung, Balance von Arbeit und Leben, Mitbestimmung und Einflussmöglichkeiten.

Grundsätzlich gelten alle Maßnahmen für alle Mitarbeiter/-innen, auch wenn nicht erhoben wurde, wie hoch die Teilhabe-Quote in den Hierarchieebenen im Einzelnen ist.

Diese Maßnahmen führen offensichtlich zu einem hohen Maß an Zufriedenheit und Motivation:

,Das motivierende Arbeitsklima führt dazu, dass die Arbeitsaufgaben effektiver und effizienter ausgeführt werden. Auf diese Weise trägt also das Human Ressource Management ... zu einer hohen Produktivität der Mitarbeiterinnen und Mitarbeiter bei und leistet somit indirekt auch einen Beitrag zum Unternehmenserfolg.'[22]

Die hier angewendeten Programme und Maßnahmen sind nicht unternehmens-spezifisch und daher durchaus generalisierungsfähig.

---

[22] Glaser, a.a.O.

Fallstudie IV

In dieser Fallstudie wird die Praktikabilität der Messung von Humankapital[23] durch ein vom Human-Capital-Club e.V. (HCC)[24] entwickeltes Verfahren untersucht. Zudem wird der Frage nachgegangen, welche Maßnahmen zur Förderung von Humankapital in einem Unternehmen der Pharma-Branche durchgeführt werden und welche Erwartungen damit verknüpft sind.

Das Unternehmen hat auch am Wettbewerb ‚Deutschlands beste Arbeitgeber' teilgenommen.

Der Ansatz des HCC basiert auf einer Reihe von Indikatoren zu verschiedenen Dimensionen, deren Wert einer Faktorenanalyse sowie einer Korrelation mit betriebswirtschaftlichen Kennzahlen unterzogen wird.

Bei einer jährlichen Messung sollen damit Aussagen über die Entwicklung des Humankapitals im Unternehmen sowie auch im Vergleich zu anderen Unternehmen möglich sein.

Indikatoren sind z. B.:

- Personalqualifizierungskette,
- Investitionen in die Aus-/Fortbildung,
- individuelle Entwicklungspläne,
- Entlassungs-Politik,
- Personalabbau-Maßnahmen,
- Führungsleitbild,
- Corporate Governance,
- Personalstrategie,
- Strategie-Management,
- Arbeitspolitische Rahmenbedingungen,
- Potenzial-Quote, Produktivität,

---

[23] Der auch vom HCC gerne verwendete Begriff ‚Humankapital' wurde 2004 von der bei der Frankfurter Goethe-Universität angesiedelten unabhängige Jury (sogenannte Unwort-Jury) zum Unwort des Jahres gewählt. Die Stellungnahme des Vorsitzenden der Jury ist wegen der nachhaltigen Diskussion als Anhang abgedruckt.
[24] http://www.humancapitalclub.de/

- Diversity,

- Verbesserungsvorschläge,

- Bindung an das Unternehmen,

- Krankenstand,

- Fluktuation.

Das Verfahren selbst befindet sich noch in der Entwicklungsphase.

Kritisch ist anzumerken, dass eine Reihe von Indikatoren wieder auf Angaben sogenannter Schlüsselpersonen als Humankapitalträger beruhen und somit nicht zwingend die Wirklichkeit auf der Grundlage der gesamten Beschäftigten abbilden müssen.

Praktikabel wird die gewonnene Kennzahl nur, wenn das Verfahren langfristig durchgeführt wird und wenn auch andere Unternehmen dieses anwenden, um Vergleichskennzahlen zu erhalten. Eine Auseinandersetzung mit dem konkreten Verfahren und der Messung und Bewertung hätte den Rahmen dieser Diskussion gesprengt.

Der ermittelte Gesamt-Index wird jedoch auch bei diesem Verfahren keine Rückschlüsse darauf zulassen, in welcher Höhe sich zusätzliche Investitionen in das Humankapital auf den wirtschaftlichen Erfolg auswirken. Der Index soll auch nicht den (Mehr-)Wert des Humankapitals ausdrücken sondern eine Art Entwicklungs-stand.

Die Teilnahme am Wettbewerb 'Deutschlands bester Arbeitgeber' wurde vom Unternehmen zwiespältig beurteilt. Prägend ist immer wieder die Frage nach der monetären Aussage als Ergebnis.

Zwar wäre es wichtig, bei Fusionen oder Übernahmen Informationen über die Belegschaft zu haben, andererseits wisse man nicht, was man mit diesem Wert hinsichtlich der Förderung der Humankapitalressourcen anfangen solle.

Eine wichtige Eigenschaft solcher Verfahren solle sein, dass die daraus abgeleiteten Folgen einen messbaren Erfolg, z. B. in Form gesenkter Kosten, aufzeigen sollten.

Allein die Tatsache, bei dem Wettbewerb erfolgreich abzuschneiden, ist für dieses Unternehmen somit nicht ausreichend, obwohl es in der Folge zu einigen internen positiven Veränderungen geführt hat.

Kompendium empirischer Studien

Einen breiten Raum nimmt in dem Forschungsbericht die Zusammenstellung zahlreicher internationaler Studien ein, die sich mit der Entwicklung von Indikatoren zur Bewertung von Humankapital und den Zusammenhängen mit der Unternehmensperformance befasst haben. Insgesamt fanden 28 Studien Eingang ins Kompendium.

Aus diesen Studien ergeben sich insgesamt 103 Einzelindikatoren zu HR-Maßnahmen und 30 Performance-Indikatoren. Einschränkend wird darauf verwiesen, dass die Definition der Variablen nicht immer eindeutig ist. Bei 15 der Studien wurden (auch) Längsschnittstudien durchgeführt. Allerdings wurde auch bei diesen Studien eher versucht, Veränderungen von HR-Praktiken nachzuzeichnen.

Es ist nicht ersichtlich, dass Parameter vor und nach Einführung von HR-Maßnahmen gemessen wurden. Monetäre Verfahren zur Messung und Bewertung von Humanressourcen finden sich nicht.

Aus den Studien lassen sich durchaus Tendenzen zu positiven Zusammenhängen zwischen HR-Förderung und Unternehmensperformance erkennen. Andererseits lassen sich keine signifikanten Zusammenhänge zwischen HR/Performance im Hinblick auf ‚harte' Finanzkennzahlen wie Gewinn/ROI etc. herstellen.

Zudem zeigen sich deutliche länderspezifische Unterschiede. Nicht unbeachtlich dürften auch hier, wie in der Fallstudie, Konjunktur- und Brancheneinflüsse sein.

Keine der Studien hat Indikatoren entwickelt, die quasi den Missing Link zwischen dem Input in HR-Maßnahmen und Auswirkungen auf den wirtschaftlichen Erfolg darstellen können.

22

Fazit

Die eingangs aufgeführten Kernfragen der Studie sowie die Formulierung im Zwischenbericht der BAuA ließen die Erwartung zu, dass der Forschungsbericht zumindest Hinweise für Methoden liefern würde, die einen Zusammenhang zwischen Investitionen in das Humankapital und gesteigertem wirtschaftlichem Erfolg belegen können.

Dies ist jedoch nicht der Fall.

In der Studie werden selbst keine Indikatoren entwickelt. Die Auswertungen von Drittstudien und eigenen Fallstudien zeigen ein uneinheitliches Bild.

Die im ersten Teil vorgestellten Kennzahlen stehen als Kosten- oder Sozial-Kennzahlen für sich.

Bei den Fallstudien wird deutlich, dass eine Generalisierung von Standards für interne oder externe Ratings zur Unternehmensperformance erforderlich ist. Bei zunehmender Beteiligung von Unternehmen könnte dies das Verfahren für den jährlichen Wettbewerb zu ‚Deutschlands bester Arbeitgeber' werden. Die HR-Maßnahmen und die daraus resultierenden Bewertungen durch die Mitarbeiter des ‚Best Employer' Microsoft Deutschland sind beeindruckend. Gleichwohl zeigt das Beispiel der Allianz Group, dass erheblicher wirtschaftlicher Erfolg auch ohne gesteigerte Investitionen in die vorhandenen Humanressourcen, zumindest unterhalb der Führungskräfte, und sogar bei einer dramatischen Fluktuationsrate von 25% möglich ist.

Abzulehnen sind Ratings, bei denen als Humankapitalträger ausschließlich Schlüsselpersonen des Unternehmens in die Bewertung einfließen oder die Unternehmensperformance durch einige Führungskräfte beurteilt wird.

Der Kapitalmarkt hat offensichtlich noch keine eigenen Methoden entwickelt, Humankapital als weiteres Kriterium für ein Kredit-Rating zu bewerten.

Allenfalls scheint hier ein ‚Bauchgefühl' als ergänzender positiver Gesamteindruck eine Rolle zu spielen[25].

Es liegt derzeit wohl am Geschick der kreditnachfragenden Unternehmen, diese Performance, zu der auch ein aktives Gesundheitsmanagement gehört, bei den Kreditinstituten mit entsprechendem Nachdruck in die Unternehmensbewertung einzubringen. Bei der gegenwärtigen ‚Kreditklemme' und der restriktiven Kreditvergabe durch die Kreditinstitute[26] dürften derlei intangible Faktoren kaum noch eine Rolle spielen.

Die Zusammenstellung der Studien im dritten Teil des Forschungsberichts bringt keine neuen Erkenntnisse.

Standardisierte Verfahren sind noch nicht eingeführt, selbst die Begriffe wie Humankapital oder Humanressourcen werden uneinheitlich verwendet. Zwar wurden hinsichtlich des Einflusses bestimmter HR-Maßnahmen auf nichtmonetäre Parameter wie Produktivität oder Qualität hochsignifikante Korrelationen nachgewiesen.

Ein weitergehender Zusammenhang zwischen verfügbaren Humanressourcen und der Unternehmensperformance einerseits und dem Unternehmenserfolg andererseits wird eher intuitiv gesehen.

Die Erstellung einer Wirkungskette scheitert wohl auch an bisher nicht auszuschaltenden zahlreichen Störvariablen (z.B. branchenabhängige Einflüsse, Konjunktureinflüsse) und Limitierungen (wie Simultanität der erhobenen Variablen, Datengewinnung, Untersuchungsumfang, Unternehmensgröße).

Die zentralen Fragen bleiben ungelöst:

- **Wie lässt sich der Wert des Humankapitals und dessen Entwicklung durch Investitionen in die Humanressourcen bestimmen?**

---

[25] Weber, A.: Risikomanagement spart Geld, in: Arbeit und Gesundheit spezial 03, 2007
[26] vgl.: Kreditklemme: Wirtschaft befürchtet Pleitewelle, WAZ vom 14.05.2009,
(http://www.derwesten.de/nachrichten/waz/wirtschaft/2009/5/14/news-119789213/detail.html)
vgl.: Kredite an Unternehmen nur bei Personalabbau. WAZ vom 15.05.2009,
(http://www.derwesten.de/nachrichten/waz/politik/2009/5/15/news-119795039/detail.html

> - **Welchen Zusammenhang gibt es zwischen der Entwicklung des Humankapitals und der Entwicklung wirtschaftlicher Kenngrößen?**

Für den staatlichen Arbeitsschutz ergeben sich hieraus kaum Interventionsansätze bei den Unternehmen und Betrieben.

Die Forderungen nach umfangreicheren Arbeitsschutzmaßnahmen und Maßnahmen zur Förderung der Gesundheit der Beschäftigten durch den staatlichen Arbeitsschutz lassen sich nicht mit Argumenten für die Unternehmensleitung unterfüttern, dass diese Maßnahmen nicht nur in der Regel Kosten verursachen, sondern dass damit für die Unternehmen auch ein Zusatznutzen in Form eines gesteigerten Unternehmensergebnisses verbunden sein kann.

Es stellt sich im Zusammenhang mit der ‚Unwort-Diskussion' auch die Frage, ob sich der staatliche Arbeitsschutz der Ökonomisierung der Personalwirtschaft anschließen sollte.

Arbeitsschutz und Gesundheit bei der Arbeit stellen einen Wert an sich dar, der sich nicht durch die Wirtschaftlichkeit oder Unwirtschaftlichkeit der zu ergreifenden Maßnahmen gegenrechnen lässt.

Gleichwohl fällt es immer leichter, mit dem Strom zu schwimmen.

■

Anhang

Humankapital – das Unwort des Jahrs 2004

Begründung der Jury zur Auswahl als Unwort des Jahrs 2004:

Der Gebrauch dieses Wortes aus der Wirtschaftsfachsprache breitet sich zunehmend auch in nichtfachlichen Bereichen aus und fördert damit die primär ökonomische Bewertung aller denkbaren Lebensbezüge, wovon auch die aktuelle Politik immer mehr beeinflusst wird. Humankapital degradiert nicht nur Arbeitskräfte in Betrieben, sondern Menschen überhaupt zu nur noch ökonomisch interessanten Größen. Bereits 1998 hat die Jury Humankapital als Umschreibung für die Aufzucht von Kindern gerügt. Aktueller Anlass ist die Aufnahme des Begriffs in eine offizielle Erklärung der EU, die damit die „Fähigkeiten und Fertigkeiten sowie das Wissen, das in Personen verkörpert ist", definiert (August 2004).

Die Wahl hat zu einer anhaltenden Diskussion und zu teilweise heftiger Kritik[27] an der Unwort-Jury geführt.

Nachstehend wird daher die Stellungnahme des Jury-Vorsitzenden zum Unwort Humankapital wiedergegeben:

Generelle Stellungnahme zum Unwort des Jahres »Humankapital"[28]

Die Unwort-Jury ist inzwischen mit so vielen Reaktionen auf ihre Wahl von »Humankapital« zum Unwort des Jahres konfrontiert worden, dass es unmöglich ist, auf jede Zuschrift persönlich zu antworten.

---

[27] vgl. Glaser, J., Hornung, S. & Labes, M. : Indikatoren für die Humanressourcenförderung. Humankapital messen, fördern und wertschöpfend einsetzen. (Zwischenbericht Nr. 81 aus dem Lehrstuhl für Psychologie). Technische Universität München, Lehrstuhl für Psychologie, 2005

[28] Prof. Dr. Horst Dieter Schlosser, Sprecher der Jury "Unwort des Jahres" im Februar 2005

Denjenigen, die ihre Zustimmung bekundet haben, sei herzlich gedankt! In diesen Zuschriften werden teilweise sehr profunde Argumente und konkrete Informationen mitgeteilt, die unsere Kritik an der Ökonomisierung aller möglichen Lebensbezüge, die wir am Beispiel des Schlüsselbegriffs »Humankapital« exemplarisch aufzeigen wollten, nur noch verstärken.

Insbesondere wird – auch von Fachleuten – darauf hingewiesen, wie wenig sich die reinen Vertreter der »Humankapital«-Theorie offenbar der begrenzten Reichweite ihrer Ansätze noch bewusst sind.

Den Kritikern sei folgendes gesagt: Die ehrwürdige Tradition des Fachbegriffs »Humankapital«, auf die die Gegner unserer Unwort-Wahl immer wieder verweisen, war und ist der Unwort-Jury sehr wohl bekannt. Er hieß auch schon einmal (etwas weniger „berechnend") »geistiges Kapital« (vgl. Adam Smith u.a.). Uns war und ist auch bewusst, dass mit diesem Begriff neben Sachkapital und Finanzkapital menschliche Fähigkeiten und Fertigkeiten gewürdigt werden sollten.
Ob »Humankapital« mittlerweile allerdings mehr als eine schöne Metapher ist, bleibt höchst fragwürdig.

Uns stellt sich angesichts des Unisono-Aufschreis der Experten inzwischen die Frage, ob wir mit der Wortkritik nicht einen Nerv sogar der »Humankapital«-Theorie und ihrer gesellschaftlichen Relevanz getroffen haben. Denn mit welcher Sicherheit soll denn noch der durch Bildung und Ausbildung zu fördernde menschliche Anteil an der Leistungskraft von Unternehmen wie der ganzen Gesellschaft berechnet werden, wenn im wirtschaftspolitischen und -praktischen Handeln das sog. »Humankapital« von inzwischen mehr als fünf Millionen und mit jeder weiteren Massenentlassung auf den Müll geworfen wird? Was hat die Theorie da noch mit der Realität zu tun?

Realität ist doch wohl, dass das »Humankapital« grundsätzlich dem »shareholder value« untergeordnet wird. Auch die um sich greifende Umschreibung von Arbeitkräften als »human resources« (gelegentlich sogar als »personelle Rationalisierungsreserve«) ist mehr als entlarvend. Das rettet auf keinen Fall den angeblich immer noch »humanen« Charakter von »Humankapital«. Auch sollten sich die Experten einmal einer Debatte über etwas weiter gefasste anthropologische

Fragestellungen nach dem Wert von Menschen öffnen, der nicht nur mit Euro und Cent berechnet werden kann.

Hinweise, dass »Humankapital« schon einmal „bezeichnenderweise" von marxistischer Seite kritisiert worden sei, die die Unwort-Jury in eine bestimmte ideologische Ecke stellen und damit diskreditieren wollen, sind einer wissenschaftlichen Diskussion ebenso unwürdig wie die Ausbrüche einzelner, wir seien „geistige Totengräber unserer Volkswirtschaft" (FAZ) u.ä.. Solche Reaktionen erledigen sich eigentlich von selbst.

Literatur

Baseler Eigenkapitalvereinbarungen, transformiert durch Neufassung der Richtlinie 2000/12/EG des Europäischen Parlaments und des Rates vom 20. März 2000 über die Aufnahme und Ausübung der Tätigkeit der Kreditinstitute und der Richtlinie 93/6/EWG des Rates vom 15. März 1993 über die angemessene Eigenkapitalausstattung von Wertpapierfirmen und Kreditinstituten

Brand, Julia; Humankapitalbewertung. Wirtschaftsuniversität Wien, Power-Point-Präsentation, 2005

Brück, Eveline; Möglichkeiten und Grenzen der ökonomischen Bewertung von personalstrategischen Maßnahmen - Der Versuch einer Evaluation am Beispiel eines Zielmanagementsystems mit variabler Gehaltskomponente. Dissertation an der Universität Augsburg, 2005

CEDEFOP – Europäisches Zentrum für die Förderung der Berufsbildung: Cedefop-panorama 5085; Human resource Accounting: interests and conflicts, 1998

DEUTSCHE BUNDESBANK, Monatsbericht September 2004

Flamholtz E., Human Resource Accounting: A review of theory and research, Minneapolis 1972

Glaser, J., Hornung, S. & Labes, M. : Indikatoren für die Humanressourcenförderung. Humankapital messen, fördern und wertschöpfend einsetzen. (Bericht Nr. 81 aus dem Lehrstuhl für Psychologie). Technische Universität München, Lehrstuhl für Psychologie, 2005

Glaser, J., Hornung, S. & Labes, M. :Indikatoren für die Humanressourcenförderung – Humankapital messen, fördern und wertschöpfend einsetzen. Bremerhaven: Wirtschaftsverlag NW, 2007

IGA-Report 3: Gesundheitlicher und ökonomischer Nutzen betrieblicher Gesundheitsförderung und -prävention. 2003

IIR Arbeitskreis Basel II, Mindestanforderungen für den internen Ratingansatz (IRB-Ansatz), 2005

Kaplan, Robert S./ Norton, David P.: The Balanced Scorecard - Measures that Drive Performance. In: Harvard Business Review. 1992, January-February S. 71-79

Luhmann, Niklas; Einführung in die Systemtheorie, Hg. V. Dirk Baecker, Heidelberg, 2002

Otto, Ulrich; Der Stellenwert der Reziprozität, Habilitationsschrift, Uni Jena, 2003

Pennig, St./Vogt, J; Entwicklung und Erprobung des Human Resources Performance Modells zur ökonomischen Evaluation von Maßnahmen in den Bereichen Humanfaktoren (HF), Humanressourcen (HR) und Training (T). Forschungsprojekt der Bundesanstalt für Arbeitsschutz und Arbeitsmedizin Nr. 2105; Dortmund/Berlin/Dresden 2007

Pinter, Anja; Corporate Volunteering in der Personalarbeit: ein strategischer Ansatz zur Kombination von Unternehmensinteresse und Gemeinwohl? Lehrstuhl für Umweltmanagement, Universität Lüneburg, 2006

Rosowski, U.; Fragen und Möglichkeiten zur Ausgestaltung eines Arbeitsschutz-Controllings für den staatlichen Arbeitsschutz, bisher unveröffentlichte Auftragsarbeit, 2007

Szucs, Thomas D.; Medizinische Ökonomie, München 1997

Thiehoff, R.; Arbeitsschutz und betriebliche Gesundheitsförderung, in: Möglichkeiten der Wirtschaftlichkeitsanalyse für Maßnahmen des Arbeitsschutzes und der betrieblichen Gesundheitsförderung. Essen/St. Augustin, 1999

Weber, A.; Risikomanagement spart Geld, in: Arbeit und Gesundheit spezial 03, 2007

Wiese, H.; Arbeitsschutz-Controlling. Bochum, 2001

Zum Verfasser:

Udo Rosowski hat an der Fachhochschule Gelsenkirchen den Abschluss als Diplom-Verwaltungswirt und an der Fachhochschule Dortmund den Abschluss als Diplom-Betriebswirt (FH) erworben. Sein Master-Studium an der Ruhr-Universität Bochum schloss er mit der Bestnote als Master of Organizational Management ab.

Er arbeitet seit über dreißig Jahren in verschiedenen Aufgabengebieten und Behörden und Einrichtungen der Landesverwaltung in Nordrhein-Westfalen, davon fast siebzehn Jahre in der Arbeitsschutzverwaltung NRW. Zur Zeit ist er als Projektmanager im Finanzministerium NRW beschäftigt.

Er hat zahlreiche Aufsätze zu verschiedenen Themenbereichen veröffentlicht.